CYFATHREBU

gan Catrin Gwyn

© Testun: Catrin Gwyn, 2023.
© Dyluniad: Peniarth, Prifysgol Cymru Y Drindod Dewi Sant, 2023.

Lluniau ©: Shutterstock.com
T11: DPA Picture Alliance / Alamy Stock Photo
T13: Tudur Dylan Jones
T14: Tudur Dylan Jones
T16: Llyfrgell Genedlaethol Cymru / The National Library of Wales
T17: Thomas Prytherch / Wikimedia (Parth Cyhoeddus)
T20: Historical Images Archive / Alamy Stock Photo
T20: Treftadaeth Cymuned Llanelli
T22: David Hickes / Alamy Stock Photo
T23: Mirrorpix
T24: Trinity Mirror / Mirrorpix / Alamy Stock Photo
T24: Cymdeithas yr Iaith
T28: Urdd Gobaith Cymru
T35: Ceidiog

Cyhoeddwyd yn 2023 gan Peniarth.

Mae Prifysgol Cymru Y Drindod Dewi Sant yn datgan ei hawl moesol dan Ddeddf Hawlfraint, Dyluniadau a Phatentau 1988 i gael ei hadnabod fel awdur a dylunydd y gwaith yn ôl eu trefn.

Cedwir pob hawl gan yr awduron unigol. Ni chaniateir atgynhyrchu unrhyw ran o'r cyhoeddiad na'i gadw mewn cyfundrefn adferadwy na'i drosglwyddo mewn unrhyw ddull na thrwy unrhyw gyfrwng electronig, electrostatig, tâp magnetig, mecanyddol, llungopïo, recordio, nac fel arall, heb ganiatâd yn ysgrifenedig ymlaen llaw gan y cyhoeddwyr uchod.

CYNNWYS

Cyfathrebu 2

📍 Cyfathrebu yn Gymraeg 5

📍 Cymraeg yn y Cyfrifiad 6

📍 Miliwn o Siaradwyr 7

📍 Cyfathrebu mewn Chwedlau 8

📍 Cyfathrebu Gweledol a Chlywedol .. 10

📍 Celf mewn Ogofâu 12

📍 Ysgrifen Ogam 13

📍 Llyfrau Print 16

📍 Protestiadau 20

📍 Radio 25

📍 Neges Heddwch ac Ewyllys Da 27

📍 Ieithoedd Eraill 29

📍 Camgymeriadau 31

📍 Tafodiaith 32

📍 Iaith Arwyddion 33

📍 Makaton 35

CYFATHREBU

Pan fydd rhywun yn dweud y gair 'cyfathrebu', beth sy'n dod i'ch meddwl?

Cyfathrebu yw trosglwyddo neges o un person i'r llall. Bob dydd rydyn ni'n cyfathrebu gyda phobl wahanol mewn ffyrdd gwahanol, er enghraifft, wrth ddweud diolch wrth athro neu athrawes, anfon llythyr at Siôn Corn neu ffonio Mam-gu.

Mae cyfathrebu yn rhan bwysig o ddysgu a datblygu. Mae'n ffordd i ni allu rhannu ein meddyliau a'n teimladau gydag eraill, yn ogystal â'n helpu ni i ddeall y byd o'n cwmpas.

Meddyliwch am eich diwrnod chi heddiw.

Gyda phwy rydych chi wedi cyfathrebu? Sut?

DYFALWCH

Faint o e-byst sy'n cael eu hanfon bob dydd yn y byd?

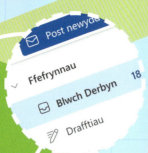

Sawl llythyr sy'n cael ei anfon bob dydd yng ngwledydd Prydain?

Beth oedd y geiriau cyntaf erioed i gael eu recordio dros y ffôn?

Pryd cafodd y neges gyntaf ei hanfon o un cyfrifiadur i gyfrifiadur arall?

Ym mha ddegawd daeth lliw ar y teledu?

Ym mha flwyddyn anfonodd Samuel F. B. Morse ei neges gyntaf?

4

(Mae'r atebion ar y dudalen olaf!)

CYFATHREBU YN GYMRAEG

Geiriau Gwych...

DEDDF
Rheol newydd gan y llywodraeth, sef y bobl sy'n arwain y wlad.

STATWS
Pwysigrwydd rhywbeth neu rywun.

LANARK

Mae Lanark yn dod o'r gair 'llannerch' sy'n golygu darn o dir agored mewn coedwig.

Mae Malvern yn dod o 'Moel Fryn', sef bryn heb lawer yn tyfu arno.

Mae Dover yn dod o'r gair 'dwfr' sy'n golygu dŵr.

MALVERN

DOVER

Mae'r iaith Gymraeg yn filoedd o flynyddoedd oed, sy'n ei gwneud yn un o ieithoedd hynaf Ewrop. Ar un adeg, roedd rhan helaeth o Brydain yn siarad Cymraeg.

Mae enwau llefydd yn Lloegr a'r Alban yn dangos bod Hen Gymraeg wedi cael ei siarad ar hyd Prydain.

Er bod y defnydd o'r Gymraeg wedi lleihau ym Mhrydain dros y canrifoedd, daeth **deddf** newydd i roi **statws** swyddogol i'r iaith Gymraeg yn 2011. Roedd hyn yn golygu bod hawl gan bawb yng Nghymru i ddefnyddio'r Gymraeg mewn lleoedd fel y swyddfa bost, yr ysbyty a'r banc, a bod mwy o arwyddion mewn siopau ac ar y ffordd fawr yn Gymraeg.

CYMRAEG YN Y CYFRIFIAD

Geiriau Gwych...

CYFRIFIAD
Cwestiynau mae'n rhaid i bawb drwy'r wlad eu hateb bob deng mlynedd.

Dyma'r ffigurau sy'n dangos nifer y siaradwyr Cymraeg o'r 12 **cyfrifiad** diwethaf:

1901	1911	1921	1931
929,800	977,400	922,100	909,300
49.9%	**43.5%**	**37.1%**	**36.8%**

1981	1971	1961	1951
508,200	542,000	656,000	714,700
18.9%	**20.8%**	**26%**	**28.9%**

1991	2001	2011	2021
500,000	582,400	562,000	538,000
18.6%	**20.8%**	**19%**	**17.8%**

Beth ydych chi'n ei sylwi am y canrannau hyn?

Faint yw'r gwahaniaeth rhwng y nifer uchaf a'r nifer isaf?

MILIWN O SIARADWYR

Shw' mae? Sut mae?

Dywedodd Llywodraeth Cymru yn Eisteddfod Genedlaethol Y Fenni yn 2016 ei bod yn anelu at gael miliwn o siaradwyr Cymraeg. Gobaith y Llywodraeth am y dyfodol yw y bydd miliwn yn siarad yr iaith erbyn y flwyddyn 2050.

Sawl blwyddyn sydd tan hynny?

Mae nifer o Gymry'n hapus iawn am y syniad hwn ac yn ei gefnogi, ond mae rhai yn credu ei fod yn mynd i fod yn rhy anodd i'w gyrraedd.

Beth yw eich barn chi?

Edrychwch ar y tabl gyda rhifau'r cyfrifiad eto. Faint yn fwy o siaradwyr Cymraeg sydd eu hangen i gyrraedd y targed?

Beth ydych chi'n ei wneud yn yr ysgol er mwyn gwneud yn siŵr bod pawb yn cyfathrebu yn Gymraeg?

Fedrwch chi feddwl am ffyrdd gwahanol i gael mwy o bobl Cymru yn siarad Cymraeg?

CYFATHREBU MEWN CHWEDLAU

Ydych chi wedi clywed am chwedl Cantre'r Gwaelod?

Yn ôl y chwedl boblogaidd hon, roedd tir Cantre'r Gwaelod yn **dir ffrwythlon** ond roedd un broblem. Roedd y tir yn gorwedd o dan lefel y môr, ac felly cafodd **morglawdd** ei adeiladu i gadw'r môr allan o'r pentref. Swydd dyn o'r enw Seithennyn oedd gwarchod drysau'r morglawdd drwy eu hagor a'u cau bob bore a nos er mwyn cadw'r ardal yn saff.

Os oedd angen i Seithennyn rybuddio trigolion y pentref fod lefel y môr yn codi, roedd yn canu'r clychau ac roedd hyn yn arwydd i bawb fod angen cadw'n ddiogel. Yn ôl pob sôn, os sefwch chi wrth Fae Ceredigion, byddwch chi'n gallu clywed clychau Cantre'r Gwaelod yn dal i ganu o dan y dŵr.

A phwy all anghofio camp Branwen yn y Mabinogi?

Dysgodd hi iaith i **ddrudwy** bach! Cafodd Branwen ei dal yn gaeth mewn cegin yn Iwerddon wedi iddi briodi Matholwch.

Yn ystod y cyfnod hwn, fe wnaeth hi **ddofi** drudwy. Drwy'r drudwy, roedd hi'n bosib i Branwen anfon neges yn ôl at ei brawd, Bendigeidfran, am sut roedd hi'n cael ei cham-drin.

Diolch i help y drudwy bach, daeth Bendigeidfran a'i filwyr dewr i achub Branwen.

Geiriau Gwych...

DOFI
Newid anifail o fod yn wyllt i fod yn gyfeillgar.

DRUDWY
Aderyn du gyda phig felen a lliwiau'r enfys yn ei adenydd.

MORGLAWDD
Wal fawr o flaen y môr i stopio'r dŵr rhag cyrraedd y tir.

TIR FFRWYTHLON
Tir da i dyfu ffrwythau, llysiau a chnydau.

CYFATHREBU GWELEDOL A CHLYWEDOL

DEFNYDD GWYN

Mewn cyfnod cyn ffôn neu gyfrifiadur, roedd rhaid darganfod ffyrdd eraill o anfon neges.

Roedd un ferch fferm yn Sir Benfro wedi symud i weithio fel morwyn filltiroedd i ffwrdd o'i chartref. Gallai hi weld fferm ei theulu yn y pellter. Roedd ei rhieni yn poeni amdani, ac felly dyma nhw'n dyfeisio ffordd dda o anfon neges. Roedd ei thad wedi dweud wrthi mai'r unig beth oedd angen iddi ei wneud pan fyddai angen help arni, oedd gosod dillad gwely ar ffurf sgwâr mawr allan ar y cae.

Roedd ei rhieni'n gwybod yn iawn lle i edrych. Er eu bod nhw'n byw filltiroedd i ffwrdd, roedden nhw'n hapus y byddai'r ferch yn gallu cysylltu â nhw.

Ydych chi'n gallu gweld yr arwydd yn y cae? Edrychwch yn ofalus. *Cliw: mae e ar ochr dde'r llun.*

Pan fydd angen ethol **Pab** newydd yn y **Fatican**, mae pobl yn **pleidleisio**. Pan fydd mwg du yn dod o simnai Capel y Sistine, mae'n golygu nad oes Pab wedi cael ei ddewis, ond pan fydd mwg gwyn yn dod o'r simnai, mae hyn yn golygu bod gan y Fatican Bab newydd.

MWG

MWG GWYN

MWG DU

FATICAN

Geiriau Gwych…

PLEIDLEISIO
Pan fydd rhywun yn dweud neu'n ysgrifennu ar ddarn o bapur pwy maen nhw eisiau i ennill cystadleuaeth.

TRIGOLION
Y bobl sy'n byw yn rhywle.

Y FATICAN
Dinas o fewn Rhufain yn yr Eidal lle mae'r Pab yn byw.

Y PAB
Pennaeth yr Eglwys Babyddol.

CLOCH

Er bod chwedl Cantre'r Gwaelod wedi digwydd ganrifoedd yn ôl, mae'r gloch wedi cael ei defnyddio mewn cymunedau modern yng Nghymru hefyd. Ar ddechrau'r 1960au, roedd gan Gorfforaeth Dŵr Abertawe gynlluniau i foddi tir Llangyndeyrn ger Caerfyrddin er mwyn darparu dŵr i Abertawe. Roedd y **trigolion** yn erbyn hyn yn gryf, ac felly roedden nhw am wneud popeth i atal cynlluniau'r Gorfforaeth.

Roedd rhywun oedd yn gweithio i'r Gorfforaeth yn cefnogi cynlluniau'r trigolion, ac felly bob tro byddai aelod o'r Gorfforaeth yn gadael Abertawe, byddai'n ffonio person o'r pentref. Yna, byddai'r person hwnnw yn canu cloch yr eglwys i rybuddio gweddill y trigolion. Bydden nhw wedyn yn mynd allan er mwyn atal unrhyw un rhag dod mewn i'r pentref.

LLANGYNDEYRN

CELF MEWN OGOFÂU

Filoedd o flynyddoedd yn ôl, doedd dim swyddfa bost i anfon llythyron, dim ffonau symudol i anfon negeseuon testun, na chyfrifiaduron i allu anfon e-byst.

Sut rydych chi'n meddwl roedd pobl yn cyfathrebu filoedd o flynyddoedd yn ôl?

Wel, trwy adael marciau ar waliau ogofâu.

Mae haneswyr yn credu bod y cofnod hynaf o'r math hwn o waith celf yn dyddio'n ôl tua 40,000 o flynyddoedd, ac mae'r olion yn dal i'w gweld heddiw mewn gwlad o'r enw Borneo.

Mae pobl yn credu mai mewn ogof ym mhenrhyn Gŵyr mae'r gwaith celf hynaf ar garreg ym Mhrydain. Cafodd y darn hwn o gelf, sef llun o garw, ei ddarganfod gan Dr George Nash ym mis Medi 2010, ond mae'r darlun ei hun yn dyddio'n ôl 14,000 o flynyddoedd.

YSGRIFEN OGAM

Ydych chi'n gwybod beth yw igam-ogam?

Ydych chi'n cofio gweld enghreifftiau o linellau igam-ogam?

Mae'r llinell ar y chwith yn llinell syth, ond mae'r llinell ar y dde yn igam-ogam.

Mae'r ail air yn y dywediad 'igam-ogam' yn disgrifio hen ffordd o ysgrifennu. Mae'r enghreifftiau cynharaf sydd ar gael o ysgrifen Ogam i'w gweld ar gerrig.

Yn yr un ffordd mae gennym ni'r wyddor heddiw sy'n dechrau gydag 'a,b,c...', roedd gan bobl yn yr hen amser wyddor hefyd.

Un o'r gwyddorau hyn oedd 'Ogam'. Yn lle llythrennau, roedd ganddyn nhw system farciau.

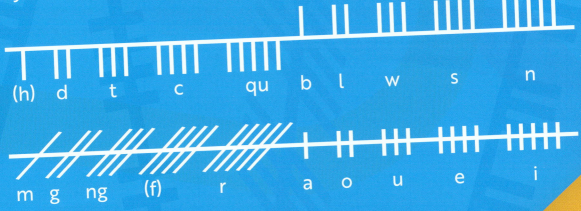

YSGRIFEN OGAM 📍

Tua 1700 o flynyddoedd yn ôl, symudodd llawer o bobl o Iwerddon i Gymru. Mae'n bosib mai nhw ddaeth â'r wyddor Ogam i'r wlad hon. Mae llawer o gerrig ym Mhen Llŷn a Sir Benfro yn cynnwys y marciau hyn.

Ydych chi'n gallu darganfod ble mae'r rhain ar y map hwn?

Iwerddon?
Pen Llŷn?
Sir Benfro?

Un peth da am ysgrifennu ar garreg yw bod yr ysgrifen yn para'n llawer hirach.

Dyma enghreifftiau o garreg hir sydd i'w gweld mewn sawl lle yng Nghymru.

Y tro nesaf rydych chi'n gweld carreg o'r fath, ewch ati ac edrychwch yn fanwl. Oes yna farciau ar ei hochr hi? Os oes, mae'n ddigon posib mai carreg Ogam yw hi.

Dyma fwy o enghreifftiau o ysgrifen Ogam ar gerrig. Yn aml iawn, mae'r gwynt a'r glaw wedi **erydu** llawer o'r ysgrifen, nes ei bod yn anodd gweld beth yw'r geiriau.

Geiriau Gwych...

ERYDU

Golchi i ffwrdd neu fynd yn llai dros amser oherwydd dŵr neu dywydd garw.

TASG

Beth am i chi fynd ati i greu eich gwyddor eich hun? Dyfeisiwch system o farciau sy'n cynrychioli llythrennau.

Ysgrifennwch neges at ffrind gan ddefnyddio'r wyddor newydd hon.

LLYFRAU PRINT

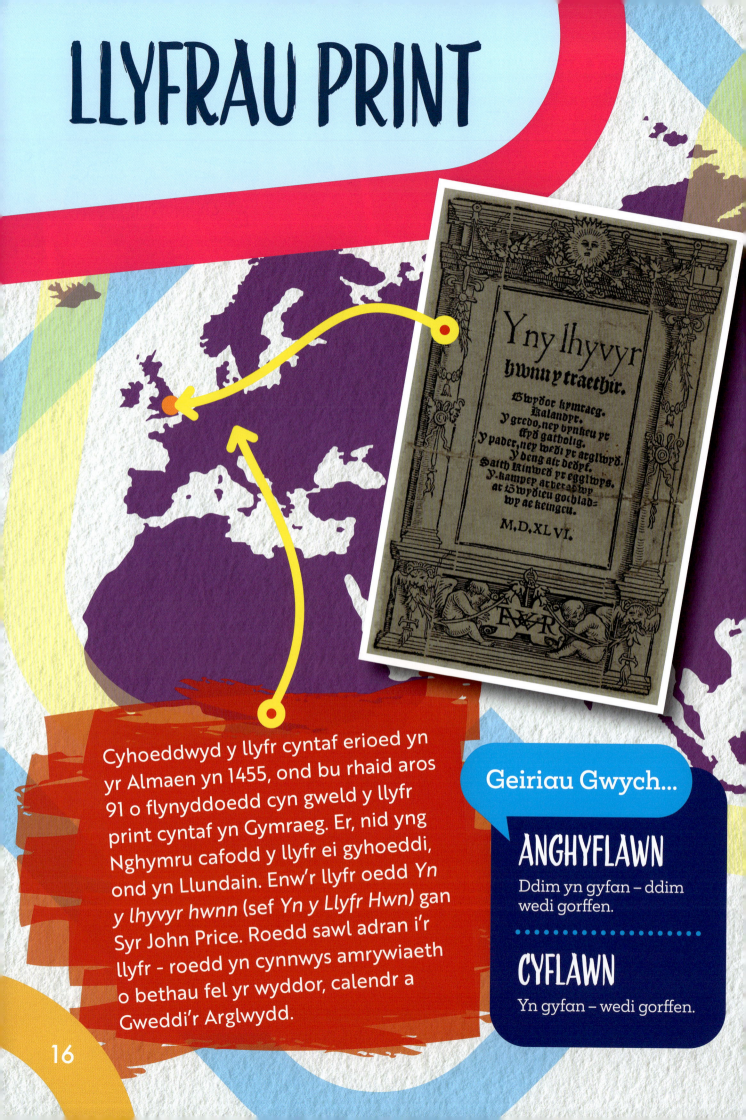

Cyhoeddwyd y llyfr cyntaf erioed yn yr Almaen yn 1455, ond bu rhaid aros 91 o flynyddoedd cyn gweld y llyfr print cyntaf yn Gymraeg. Er, nid yng Nghymru cafodd y llyfr ei gyhoeddi, ond yn Llundain. Enw'r llyfr oedd *Yn y lhyvyr hwnn* (sef *Yn y Llyfr Hwn*) gan Syr John Price. Roedd sawl adran i'r llyfr - roedd yn cynnwys amrywiaeth o bethau fel yr wyddor, calendr a Gweddi'r Arglwydd.

Geiriau Gwych...

ANGHYFLAWN
Ddim yn gyfan – ddim wedi gorffen.

CYFLAWN
Yn gyfan – wedi gorffen.

Geiriau Gwych...

ANGHYFREITHLON
Yn erbyn y gyfraith – doedd y llywodraeth ddim wedi rhoi caniatâd iddo ddigwydd.

PLUEN AC INC
Hen ffordd o ysgrifennu cyn bod pin ysgrifennu i'w gael. Byddai person yn rhoi blaen y bluen mewn pot inc a'i defnyddio i ysgrifennu ar bapur.

LLANDUDNO

LLANRHAEADR-YM-MOCHNANT

Yn 1588, cafodd Beibl William Morgan ei argraffu. Ar y pryd, roedd William Morgan yn gweithio fel ficer yn Llanrhaeadr-ym-Mochnant. Yn y fan honno, defnyddiodd **bluen ac inc** i gyfieithu'r Beibl cyfan i'r Gymraeg. Roedd hyn yn ddatblygiad cyffrous oedd yn galluogi'r Cymry i ddarllen y Beibl yn eu hiaith eu hunain yn yr eglwys.

Yn 1587, cyhoeddwyd y llyfr *Y Drych Cristnogawl* mewn gwasg **anghyfreithlon** mewn ogof fach ar Greigiau Rhiwledyn yn Llandudno. Llyfr oedd hwn yn esbonio'r ffydd Gatholig i'r Cymry. Gan mai mewn ogof fach oedd y wasg, yr unig ffordd i'w chyrraedd oedd o'r môr ac felly roedd rhaid cario popeth oedd ei angen mewn cychod. Dim ond un copi **cyflawn** gafodd ei argraffu, er bod tri chopi **anghyflawn** arall ar gael hefyd.

Erbyn 1660, roedd 108 o lyfrau wedi'u cyhoeddi yn Gymraeg er nad oedd gwasg swyddogol yng Nghymru.

LLYFRAU PRINT

Sefydlwyd y wasg argraffu swyddogol gyntaf yng Nghymru yn Adpar ger Castellnewydd Emlyn gan Isaac Carter yn 1718. Pamffledau oedd y testunau cyntaf iddo eu hargraffu, sef *Cân o Senn i'w Hen Feistr Tobacco* a *Cân ar Fesur Triban ynghylch Cydwybod a'i Chynheddfau*. Parhaodd y wasg yn yr un fan tan iddi symud yn 1725 i dref Caerfyrddin.

CASTELLNEWYDD EMLYN

Mae nifer o lyfrau gwahanol nawr yn cael eu cyhoeddi yng Nghymru, o farddoniaeth i lyfrau hanes, o nofelau i lyfrau ffeithiol, o lyfrau plant i lyfrau gwybodaeth.

PEIRIANT ARGRAFFU

Peniarth.cymru

Mae Peniarth yn arbenigo mewn llyfrau addysg Cymraeg a Saesneg, ac maen nhw hefyd yn cyhoeddi adnoddau sy'n addysgu am wledydd a diwylliannau eraill o gwmpas y byd. Dyma rai o'u llyfrau.

Ydych chi wedi gweld eu logo ar lyfrau yn eich ysgol chi?

18

PROTESTIADAU

Protestio yw pan fydd unigolyn neu grŵp o bobl yn dangos eu bod nhw'n credu mewn rhywbeth arbennig. Ar hyd y blynyddoedd, mae llawer o bobl yng Nghymru wedi teimlo'n gryf dros ein hawliau. Er mwyn dangos y teimladau hyn, mae llawer o brotestiadau'n digwydd.

EFAIL-WEN

Un grŵp o bobl enwog yng Nghymru oedd Merched Beca. Criw o ddynion wedi gwisgo fel merched oedden nhw ac roedden nhw'n anghytuno gyda'r **trethi** uchel bron i ddau gan mlynedd yn ôl. Penderfynodd y dynion wisgo fel merched a duo eu hwynebau er mwyn stopio'r awdurdodau rhag eu hadnabod. Yn eu protest gyntaf ar Fai 13eg 1839, ymosodon nhw ar **dollborth** yn Efail-wen yn Sir Gaerfyrddin. Rhwng 1839 a 1843, roedden nhw'n gyfrifol am tua 500 o ymosodiadau tebyg.

Geiriau Gwych...

PROTESTIO
Pan fydd unigolyn neu grŵp o bobl yn dangos mewn ffordd amlwg eu bod nhw'n credu mewn rhywbeth neu yn erbyn rhywbeth.

TOLLBORTH
Gât ar draws y ffordd lle mae'n rhaid i berson dalu er mwyn mynd heibio iddi.

TRETH / TRETHI
Arian mae'n rhaid i bobl ei dalu i'r llywodraeth.

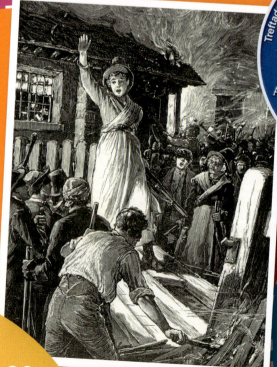

Treftadaeth Cymuned LLANELLI Community Heritage
Yn wreiddiol / Originally
The Farmers Arms
Man cyfarfod Merched 'Beca
A meeting place of the Rebecca Rioters
1843
Noddwyd gan/Sponsored by
Cyngor Gwledig Llanelli
Llanelli Rural Council

Ydych chi'n teimlo'n gryf dros rywbeth?

Beth ydych chi'n meddwl ydy'r ffordd orau o ddangos hynny?

PROTESTIADAU DIWYDIANNOL

Geiriau Gwych...

GWEITHFEYDD HAEARN

Ffatri oedd yn toddi a chynhyrchu metel. Roedd gweithio yn y lle yma'n waith caled iawn.

Yn y bedwaredd ganrif ar bymtheg, roedd gweithfeydd haearn ym Merthyr Tudful. Roedd y gweithwyr yn anhapus iawn yno gan fod y meistri yn gas. Roedd rhaid i'r gweithwyr weithio'n galed, talu rhent a phrynu bwyd o siopau'r meistri.

Yn wir, tocyn i wario yn y siop oedd tâl y gweithwyr, nid arian! Erbyn 1831, roedd y gweithwyr wedi cael llond bol a dechreuon nhw brotestio. Parodd y brotest bedwar diwrnod, ond yn y diwedd, daeth milwyr i roi cymorth i'r meistri ac anfonwyd llawer o'r protestwyr i ffwrdd (rhai mor bell ag Awstralia hyd yn oed).

GWEITHFEYDD HAEARN YM MERTHYR TUDFUL

Mae mwy na **15,000KM** rhwng Cymru ac Awstralia.

21

PROTESTIADAU DIWYDIANNOL

Rhwng mis Mawrth 1984 a'r 3ydd o Fawrth 1985, digwyddodd un o streiciau mwyaf enwog pyllau glo Prydain. Margaret Thatcher oedd prif weinidog Prydain bryd hynny, a phenderfynodd hi a'r llywodraeth bod rhaid cau 20 pwll glo. Byddai hynny'n golygu bod 20,000 glöwr heb waith.

Roedd dyn o'r enw Arthur Scargill yn erbyn hyn, felly galwodd e ar bobl i brotestio. Parodd y brotest flwyddyn gyfan, achos doedd y llywodraeth na'r glowyr ddim yn barod i roi'r gorau i'r hyn roedden nhw'n credu ynddo.

ARTHUR SCARGILL

MARGARET THATCHER

Erbyn heddiw, dim ond ychydig o byllau glo sy'n dal ar agor.

PROTESTIO DROS HAWLIAU IAITH

Geiriau Gwych...

BEILI / BEILIAID
Person sy'n mynd i gartref rhywun a chymryd eiddo personol oddi wrthyn nhw os nad ydyn nhw wedi talu bil.

BIL TRETH
Arian sy'n rhaid ei dalu i'r cyngor er mwyn cael gwasanaethau fel casglu biniau, glanhau'r strydoedd ac edrych ar ôl yr ardal.

DW I EISIAU BYW YN GYMRAEG

PONT TREFECHAN

LLANGENNECH

Trefor ac Eileen Beasley oedd rhai o'r bobl gyntaf i brotestio dros hawliau'r iaith Gymraeg. Pan oedd y teulu'n byw yn Llangennech yn 1952, gwrthodon nhw dalu **bil treth** Cyngor Llanelli gan fod y bil hwnnw yn uniaith Saesneg. Cymerodd wyth mlynedd o brotestio, achosion llys, a nifer o alwadau gan y **beiliaid** cyn iddyn nhw dderbyn bil dwyieithog (sef un oedd yn Gymraeg ac yn Saesneg).

Sefydlwyd Cymdeithas yr Iaith Gymraeg yn 1962. Eu protest fawr gyntaf oedd y brotest ar Bont Trefechan yn Aberystwyth lle ymgasglodd nifer o fyfyrwyr - o Aberystwyth a Bangor yn bennaf - i eistedd ar y bont er mwyn atal y traffig. Pwrpas y brotest hon oedd dangos nad oedd digon o statws i'r iaith Gymraeg. Roedd nifer o brotestiadau eraill yn y blynyddoedd yn dilyn protest Pont Trefechan, ac mae Cymdeithas yr Iaith yn dal i weithio dros hawliau'r iaith Gymraeg heddiw.

PROTESTIO DROS HAWLIAU IAITH

Un arall wnaeth frwydro dros hawliau iaith oedd Gwynfor Evans. Ar ddechrau'r 1980au, doedd dim sianel Gymraeg gyda ni yma yng Nghymru. Dim ond ambell raglen Gymraeg ar sianeli BBC ac ITV oedd ar gael.

Geiriau Gwych...

YMPRYDIO

Gwrthod bwyta bwyd.

Yn 1980, dywedodd Gwynfor Evans byddai e'n **ymprydio** nes byddai'r llywodraeth yn cytuno i ganiatáu pedwaredd sianel i Gymru. Oherwydd hyn, a bod eraill hefyd wedi ceisio cael y llywodraeth i newid eu meddwl, dechreuodd S4C yn 1982.

RADIO

Heddiw, rydyn ni'n gallu clywed rhaglenni radio o bob man yn y byd. Mae negeseuon ar ffurf tonnau bach **anweledig** yn ein galluogi ni i glywed lleisiau a cherddoriaeth a gwahanol synau yn gwbl glir. Ond 150 o flynyddoedd yn ôl, doedd hyn ddim yn bosib o gwbl.

Ydych chi'n gwybod o ble y cafodd y neges gyntaf yn y byd ei hanfon dros y môr?

Ie, o Gymru!

Geiriau Gwych...

ANWELEDIG
Rhywbeth dydyn ni ddim yn gallu ei weld.

TROSGLWYDDYDD / TROSGLWYDDYDDION
Offer sy'n cynhyrchu tonnau sy'n cario negeseuon neu signalau, fel rhai radio neu deledu.

Roedd dyn o'r Eidal o'r enw Marconi wedi dod i Gymru, a phenderfynodd e geisio anfon neges gyda thonnau radio o Drwyn Larnog ym Mro Morgannwg i Ynys Echni. Ar Fai 13eg 1897, llwyddodd Marconi i anfon neges ddi-wifr dros 3.7 milltir dros ddŵr agored o Benarth. Wrth iddo lwyddo, dyna ddechrau gallu anfon negeseuon a chlywed rhaglenni ar draws y byd.

CAERDYDD
PENARTH
TRWYN LARNOG
YNYS ECHNI
WESTON-SUPER-MARE

MARCONI GYDAG UN O'I BEIRIANNAU COD MORSE

25

RADIO

Yn 1892, datblygodd William Henry Preece system o anfon negeseuon dros y dŵr. Un o'r Bontnewydd, Sir Gaernarfon, oedd William Henry Preece. Roedd wedi bod o gymorth i Marconi gan ei fod yn barod wedi anfon neges yn llwyddiannus dros Lyn Coniston wyth mlynedd yn gynharach, ac roedd e'n gefnogwr brwd o waith Marconi.

System debyg ddefnyddiodd Alexander Graham Bell yn 1876. Byddai'r system hon yn y pen draw yn datblygu i fod yn alwadau ffôn. Cymro arall a ddatblygodd syniadau gyda ffonau oedd David E. Hughes, a gafodd ei eni yng Nghorwen, Sir Ddinbych.

Yn 1878, cyhoeddodd e waith ar ei syniadau o ddefnyddio **trosglwyddyddion** mewn ffonau.

Felly dechreuodd taith y radio fel rydyn ni'n ei adnabod heddiw yma yng Nghymru, ac erbyn nawr mae gennym ni dair sianel genedlaethol Gymreig ar y radio.

NEGES HEDDWCH AC EWYLLYS DA

Mae gan yr Urdd ffordd unigryw o gyfathrebu gyda gweddill y byd. Bob blwyddyn, ar Fai 18fed, mae neges yn cael ei hanfon ar ran pobl ifanc Cymru at bobl ifanc ym mhedwar ban byd. Gelwir y neges hon yn Neges Heddwch ac Ewyllys Da.

Syniad un dyn o Gwm Rhymni o'r enw Y Parch Gwilym Davies oedd y Neges Heddwch ac Ewyllys Da. Roedd e'n gredwr cryf mewn heddwch i'r byd, ac felly penderfynodd ddechrau Neges Heddwch ac Ewyllys Da er mwyn dod â phlant y cenhedloedd ynghyd. Anfonwyd y neges gyntaf ganddo ar ffurf cod Morse yn 1922. Ymatebodd rhywun ym Mharis gan ei hanfon ymlaen eto, a chafwyd ymatebion hefyd o Sweden a Gwlad Pwyl. Ers y neges gyntaf yn 1922, mae'r neges wedi cael ei hanfon yn ddi-dor bob blwyddyn, gan barhau er y newidiadau mewn ffyrdd o gyfathrebu a hyd yn oed yn ystod rhyfeloedd byd!

GWILYM DAVIES

NEGES HEDDWCH AC EWYLLYS DA

Dyma ambell enghraifft o'r negeseuon ar hyd y blynyddoedd:

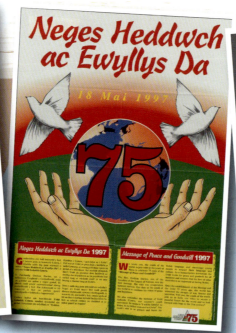

Bob blwyddyn, mae'r Urdd yn derbyn ymatebion o gefnogaeth i'r neges. Dyma ambell enghraifft ar hyd y blynyddoedd:

O'R ALMAEN

O SWEDEN

O FFRAINC

Dychmygwch fod yr Urdd yn gofyn i chi ysgrifennu Neges Heddwch ac Ewyllys Da. Beth fyddai'n bwysig i chi?

28

IEITHOEDD ERAILL

Mae tua 7000 o ieithoedd yn cael eu siarad yn y byd, ac mae llai na 1000 o bobl yn siarad llawer o'r rhain. Mae'r ieithoedd hyn mewn perygl o ddiflannu'n llwyr os nad ydy pobl yn eu defnyddio ac yn siarad yr iaith gyda'u plant.

FFEITHIAU AM IEITHOEDD...

Mae dros **300** o ieithoedd yn cael eu siarad yn yr Unol Daleithiau.

Mae dros **1/2** poblogaeth y byd yn gallu siarad dwy iaith.

Yr iaith gyntaf i gael ei siarad yn y **GOFOD** oedd **Rwseg**.

Mae gan iaith Hawaii dros **200** gair am 'fwrw glaw'.

Mae dros **30%** o eiriau Saesneg yn dod o'r Ffrangeg.

Y wlad yn y byd sydd â'r nifer uchaf o ieithoedd yw Papa Guinea Newydd, gyda thua **800** o wahanol ieithoedd yn cael eu defnyddio.

Mae tua **200** o ieithoedd ffug yn y byd, a'r un fwyaf poblogaidd yw Klingon.

Ydych chi'n gwybod o ba raglen deledu mae'r iaith hon wedi dod?

IEITHOEDD ERAILL

Cymraeg a Saesneg yw'r ddwy iaith sy'n cael eu defnyddio fwyaf yn ein hysgolion ni yng Nghymru, ond mae plant a phobl ifanc Cymru yn defnyddio ieithoedd eraill hefyd wrth ddysgu ac yn eu bywydau bob dydd.

Ydych chi'n gallu dyfalu pa iaith, ar wahân i'r Gymraeg a Saesneg, sy'n cael ei defnyddio fwyaf yn ein hysgolion ni?

Mae'r ateb ar y dudalen nesaf…

Beth am i chi fynd ati i ddysgu ambell air yn yr ieithoedd hyn? Os ydych chi'n gallu siarad un ohonyn nhw'n barod, dysgwch rywun arall yn y dosbarth sut i ddweud y geiriau'n iawn.

Os nad oes neb all eich helpu i ddweud y geiriau, mae'n bosib dod o hyd i'r ffordd o'u dweud ar y we.

Cymraeg	Pwyleg	Arabeg	Bengaleg
bore da	dzień dobry	sabah alkhyr	suprabhāta
diolch	dziękuję ci	shukraan jazilaan	dhan'yabāda
môr	morze	albahr	samudra
glas	niebieski	azraq	nîla

CAMGYMERIADAU

Weithiau wrth gyfathrebu, mae pobl yn gwneud camgymeriadau. Mae hyn yn gallu digwydd pan rydyn ni'n cyfieithu o un iaith i iaith arall.

Edrychwch ar yr arwyddion isod.

Allwch chi weld beth sy'n bod arnyn nhw?

Dyma arwyddion eraill sy'n codi gwên. **Allwch chi ddyfalu pam?**

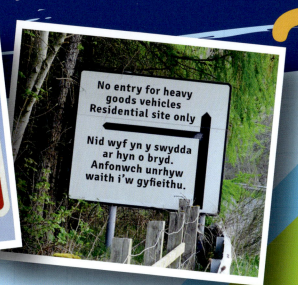

Yr ateb yw: pwyleg

TAFODIAITH

Geiriau Gwych...

TAFODIAITH / TAFODIEITHOEDD

Y ffordd mae iaith yn cael ei siarad mewn un ardal, sy'n wahanol i'r ffordd mae'n cael ei siarad mewn ardal arall.

Mae gwahanol **dafodieithoedd** ar draws Cymru, ac yn aml mae gan ardaloedd eiriau gwahanol am yr un peth.

Edrychwch ar yr enghreifftiau hyn:

crempog
pancws

losin
fferins
da-da

geneth
croten
roces
hogan

crwt
hogyn
rocyn
cog

pryfed
clêr
cilion

Dangoswch ar y map ble rydych chi'n meddwl mae'r rhain yn cael eu defnyddio.

Allwch chi feddwl am eiriau eraill sy'n cael eu defnyddio mewn gwahanol ardaloedd? Ydyn nhw'n perthyn yn fwy i'r de neu i'r gogledd?

IAITH ARWYDDION

Pan fydd rhywun yn siarad gyda chi, pa synnwyr rydych chi'n ei ddefnyddio?

Cywir! Eich clyw!

Ond does gan bawb ddim y gallu i glywed neu siarad, ac felly maen nhw'n defnyddio eu dwylo!

mudiad meithrin

Yn 2018, lansiodd Mudiad Meithrin brosiect newydd a oedd yn galluogi plant i ddysgu iaith arwyddion drwy gyfrwng y Gymraeg. Roedd y prosiect hwn wedi dysgu un gair yr wythnos i hyd at

12,500

o blant dan bedair oed.

CYMRAEG — I Blant / For Kids

Mae Cymraeg i Blant hefyd yn defnyddio arwyddion yn eu sesiynau Stori a Chân. Beth am wylio'r fideo a dysgu'r gân hefyd?

IAITH ARWYDDION

MAKATON

Cyfuniad o ddefnyddio iaith lafar, symbolau a dwylo yw Makaton.

Cafodd y rhaglen *Dwylo'r Enfys* ei chreu ar gyfer Cyw ar S4C. Yn y rhaglen, mae'r cymeriadau'n siarad gyda phlant trwy iaith Makaton ac yn mynd ar antur.

Gan fod y rhaglen mor boblogaidd ar draws y byd, cyrhaeddodd y rhestr fer ar gyfer Gwobr Rockie yng Ngŵyl *Banff World Media* yng Nghanada. Hefyd, enillon nhw BAFTA Cymru yn 2013! Oherwydd bod y rhaglen yn un mor llwyddiannus, mae adnoddau Makaton wedi cael eu creu yn Gymraeg gyda chymorth gan Lywodraeth Cymru.

ATEBION

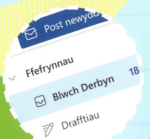

Mae 205.6 biliwn o e-byst yn cael eu hanfon bob dydd.

Mae 68 miliwn o lythyrau yn cael eu hanfon bob dydd yng ngwledydd Prydain.

"Mr Watson, come here. I want to see you", oedd y geiriau cyntaf i gael eu recordio dros y ffôn.

Cafodd y neges gyntaf ei hanfon o un cyfrifiadur i gyfrifiadur arall ar Hydref 29ain 1969.

Yn yr 1950au roedd rhaglenni lliw yn cael eu darlledu ar y teledu gyntaf.

Anfonodd Samuel F. B. Morse ei neges gyntaf yn 1844.